*Ex Libris*

Laura Stoddart

# GLÜCKS TRÄUME

Von Gärten & Gästen, vom Leben & Wohnen

COPPENRATH

Meiner Mutter und meinem Vater

Laura Stoddart

Unser besonderer Dank gilt Krista Grünberg
für die Textbeiträge aus ihrem reichen Zitatenschatz.

ISBN 3-8157-2480-5



Textauswahl: Hans-Werner Grimme
Typographie: Albert Bartel, Münster



Die Originalausgabe erschien 1999 unter dem Titel
„Up the Garden Path"
bei Orion Publishing Group Ltd, London



Published in association with
Orion Publishing Group Ltd, London

Printed in Italy
www.coppenrath.de

# *Inhalt*

Ein Buch ist wie ein Garten,
den man in der Tasche trägt.

Arabisches Sprichwort

Ein Garten ist wie ein Buch,
das man im Herzen trägt.

Krista Grünberg

Das Haus

Freunde, die ein Haus besuchen, sind dessen Zierde.

Ralph Waldo Emerson

Das ist wahres Glück: willkommen sein!

Peter Torsten Schulz

## Das Ideal

Ja, das möchste:
Eine Villa im Grünen mit großer Terrasse,
vorn die Ostsee, hinten die Friedrichstraße;
mit schöner Aussicht, ländlich-mondän,
vom Badezimmer ist die Zugspitze zu sehn –
aber abends zum Kino hast du's nicht weit.
Das Ganze schlicht, voller Bescheidenheit:
neun Zimmer, – nein, doch lieber zehn!
Ein Dachgarten, wo die Eichen drauf stehn,
Radio, Zentralheizung, Vakuum,
eine Dienerschaft, gut gezogen und stumm,
eine süße Frau voller Rasse und Verve –
(und eine fürs Wochenend, zur Reserve) –,
eine Bibliothek und drumherum
Einsamkeit und Hummelgesumm …

Kurt Tucholsky

Im Bauen erbauen wir uns, erbaut sich der Einzelne und erbauen sich die Völker. Durch das Bauen gestaltet der Mensch die Landschaft, verändert er allein das Bild der Erde. Bauen ist gestaltete Notwendigkeit, durch deren Darstellung der Mensch seinem höheren Bewusstsein dauernden sichtbaren Ausdruck verleiht.

Paul Schmitthenner

Ein Haus ist eine Arche, um der Flut zu entrinnen.

Katherine Mansfield

Wer an Gütern und Besitz reich ist, aber in seinem Hause das Schöne nicht genießt, den kann man nicht glücklich nennen.

Euripides

Nicht da ist man daheim, wo
man seinen Wohnsitz hat, sondern
wo man verstanden wird.

Christian Morgenstern

Das Heim ist ein Platz, wo du dich
überall dort kratzen kannst, wo es
dich juckt.

Henry Ainsley

Ein trautes Heim ist ein Heim,
in das man sich heimtraut.

Robert Lembke

Man sitzt gesellig unter vielen
so innig nah auf Polsterstühlen.

Wilhelm Busch

Bibliotheken: Büffets des Geistes.

Aus den „Fliegenden Blättern“

Die besten Bücher sind nicht die, die uns satt machen, sondern die, die uns hungrig machen – hungrig auf das Leben.

Gorch Fock

Ein Bücherschatz ist wie ein geistiger Baum, der Bestand hat und seine köstlichen Früchte spendet von Jahr zu Jahr, von Geschlecht zu Geschlecht.

Thomas Carlyle

Es geht uns mit den Büchern wie mit den Menschen. Wir machen zwar viele Bekanntschaften, aber nur wenige erwählen wir zu unseren Freunden, unseren vertrauten Lebensgefährten.

Ludwig Feuerbach

Das Paradies habe ich mir immer als eine Art Bibliothek vorgestellt.

Jorge Luis Borges

Satt essen kann sich jeglicher zu Hause.
Geselliges Vergnügen, munteres Gespräch
muss einem Festmahl Würze geben.

William Shakespeare

Mag nun der Haushalt groß oder klein sein,
mindestens ein Teil des Paares muss gesunden
Menschenverstand besitzen.

Denis Diderot

Besser ein Gericht mit Gemüse und Liebe dabei
als ein gemästeter Ochse und Hass dabei.

Sprüche Salomos

Drum hab ich mir auch stets gedacht
zu Haus und anderwärts:
Wer einen guten Braten macht,
hat auch ein gutes Herz.

Wilhelm Busch

BREAD

Die Fackel der Liebe entzündet sich in der Küche.

Sprichwort aus Frankreich

Freude ist eine gesunde Kost.

Chinesisches Sprichwort

Die Entdeckung eines neuen Gerichtes macht die Menschheit glücklicher als die Entdeckung eines neuen Sterns.

Anthelme Brillat-Savarin

Durch Weisheit wird ein Haus gebaut und durch Verstand erhalten. Durch ordentliches Haushalten werden die Kammern voll aller köstlichen, lieblichen Reichtümer.

Sprüche Salomos

Der Haushalt ist der beste, in dem man nichts Überflüssiges will und nichts Notwendiges entbehrt.

Plutarch

In einer Welt, in der alles schwankt, bedarf es eines festen Punktes, auf den man sich stützen kann. Dieser Punkt ist der häusliche Herd. Der Herd aber ist kein fester Stein, wie die Leute sagen, sondern ein Herz, und zwar das Herz einer Frau.

Jules Michelet

Die Frau ist in der Wirtschaft wie der Zaun um einen Garten. Ist der Zaun tüchtig, so bleibt alles ordentlich; nichts Fremdes bricht herein. Nehmt den Zaun weg und alles wird niedergetreten.

Sophie Mereau

Hausarbeit ist etwas, das man tut, ohne dass es jemand bemerkt – bis man es nicht mehr tut.

Anonym

An sich ist Müßiggang durchaus nicht die Wurzel allen Übels, sondern ist, im Gegenteil, ein geradezu göttliches Leben – solange man sich nicht langweilt.

Søren Kierkegaard

Was gibt es Schöneres, als sich mit einem Buch aufs Sofa zu legen, wenn im Hause Arbeit auf einen wartet?

Anonym

Ich mache kein Geheimnis daraus, dass ich lieber auf dem Sofa liege als darunter zu fegen.

Shirley Conran

## Huldigung ans Bett

Nie wird es je genannt
in ihren langen Litaneien
immer wird es verbannt
aus ihren frommen Faseleien
Stets nur der Heilige Tisch
stets nur der Heilige Stuhl
vom heiligen Bett kein Sterbenswörtchen
im Immobiliar
ihrer gottesfürchtigen Örtchen

O süßer Schatz
das Bett ist unser Lieblingsplatz
dank ihm kam die Liebe immer schon
mit zwei hübschen blauen Augen davon.

Jacques Prévert

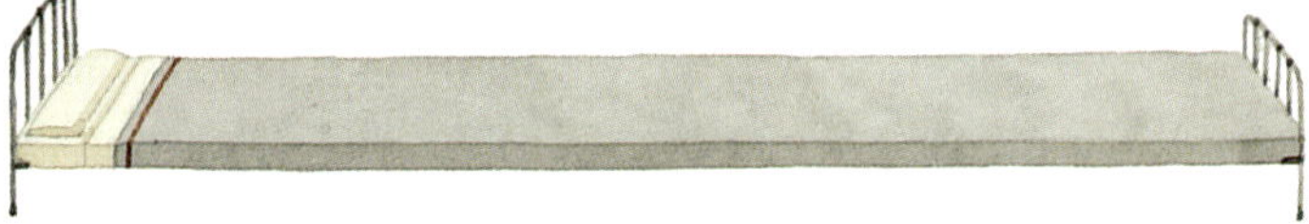

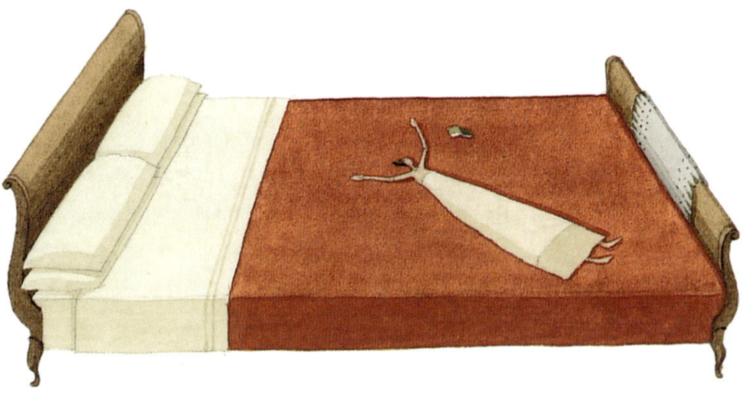

Hat dein Haus auch tausend Zimmer,
zum Schlafen brauchst du nur eines.

Chinesisches Sprichwort

Wenn du ins Bett gehst, nimm ein
gutes Buch mit – oder wenigstens jemanden,
der kürzlich eines gelesen hat.

Werbeslogan

Liebe ist, wenn sie dir die Krümel
aus dem Bett macht.

Kurt Tucholsky

Am schönsten wird es sein, wenn wir eine
Wohnung haben mit einem Schlafzimmer,
in das die Sonne hineinscheint, wir werden
morgens wach, es ist Sommer, wir müssen
nicht zur Arbeit, wir haben Zeit.

Erich Loest

## Morgenwonne

Ich bin so knallvergnügt erwacht.
Ich klatsche meine Hüften.
Das Wasser lockt. Die Seife lacht.
Es dürstet mich nach Lüften.

Ein schmuckes Laken macht einen Knicks
und gratuliert mir zum Baden.
Zwei schwarze Schuhe in blankem Wichs
betiteln mich „Euer Gnaden".

Aus meiner tiefsten Seele zieht
mit Nasenflügelbeben
ein ungeheurer Appetit
nach Frühstück und nach Leben.

Joachim Ringelnatz

Wer gerne mal angerufen werden möchte, braucht nur in die Badewanne zu gehen.

Robert Lembke

Ich halte es mit tiefen Problemen wie mit einem kalten Bade – schnell hinein, schnell hinaus.

Friedrich Nietzsche

Mancher baut ein Schloss in die Luft,
der keine Hütte auf Sand bauen kann.

Anonym

Der Mensch kann sich besser in einem kleinen Häuschen einrichten als in einem riesigen Schloss.

Leo N. Tolstoi

In seinem Hause ist selbst der Arme ein Fürst.

Talmud

Wenn Raum im Herzen ist, so ist auch Raum im Hause.

Sprichwort aus Dänemark

Es ist, ihr möget wollen oder nicht, das Haus der Spiegel eurer selbst, eures Inwendigen.

Jeremias Gotthelf

Von allen irdischen Lebensfreuden ist keine tiefer in alle Gefühle des Lebens eingreifend als die häusliche Freude.

Heinrich Zschokke

# Der Garten

Man muss in seinem Garten einen verbotenen Baum haben.
Man muss in seinem Leben etwas haben, das man nicht berühren darf.
Das ist das Geheimnis, wie man auf immer jung und glücklich bleibt.

Gilbert Keith Chesterton

Wenn ich nun so allein für mich in diesen bezaubernden Gärten einherwandele, so fällt mir zuweilen mein Ahnherr, ich meine Adam im Paradiese, ein und habe neulich eine solche Vergleichung zwischen mir und ihm angestellt, wobei ich noch gewinne. Dass er ein schöner Kerl und wenigstens drei Fuß höher war als ich, das gebe ich ihm vor. Er wohnte im Paradiese und ich in einem Garten, der aller Wahrscheinlichkeit nach nicht viel schlechter ist.
Er herrschte über die Tiere und Pflanzen in seinem Garten und ich in dem meinigen. Er ging nackend und ich trage ein altes Kleid, das nicht viel besser ist, denn wirklich haben sich an den Ellenbogen schon stark Spuren eines angefangenen Standes der Unschuld geäußert. Er durfte nicht von allen Bäumen und Früchten essen, ich darf von jedem Baum den Gebrauch machen, den ich will, davon essen oder mich daran aufhängen; alle Pflanzen stehen mir zu Befehl, von der Ananas bis zum Schierling.

Georg Christoph Lichtenberg

Jeder Baum, jede Hecke ist ein Strauß von Blüten
und man möchte zum Maienkäfer werden, um in dem
Meer von Wohlgerüchen herumschweben und alle
seine Nahrung finden zu können.

Johann Wolfgang Goethe

Zu fällen einen schönen Baum
braucht's eine halbe Stunde kaum.
Zu wachsen, bis man ihn bewundert,
braucht er, bedenk es, ein Jahrhundert.

Eugen Roth

Ein einziger alter Ahorn adelt einen ganzen Garten,
eine einzige majestätische Buche, eine einzige riesige
Kastanie, die die halbe Nacht in ihrer Krone trägt.

Hugo von Hofmannsthal

Es gibt nichts Angenehmeres im Garten
als einen schönen, schattigen Platz.
Gärten ohne Schatten sind leer.

Betty Langley

Der Garten, das bist du. Nimm deine Bilder,
deine Erinnerungen und deine Visionen
und du wirst niemals ohne Garten sein.

Ellen Fischer

In den Ästen der Bäume
bleiben Erinnerungen hängen.
An den Ufern leben Spuren der
Vergangenheit und im Wasser treiben
Sehnsüchte und Hoffnungen.

Ada Freund

Bäume sind Gedichte,
die die Erde in den Himmel schreibt.

Khalil Gibran

Kinder weinen. Narren warten.
Dumme wissen. Kleine meinen.
Weise gehen in den Garten.

Joachim Ringelnatz

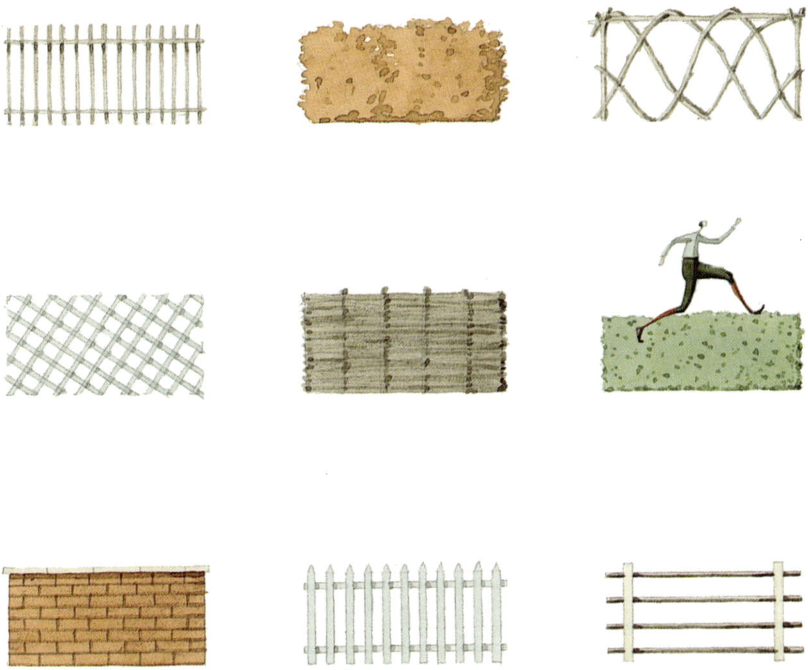

Liebe deinen Nachbarn, reiß aber den Zaun nicht ein.

Deutsches Sprichwort

Besser ein Nachbar jenseits der Mauer als ein Bruder jenseits der See.

Aus Albanien

Nachbar: ein Mensch, der die geliehene Schneeschaufel zurückbringt, wenn er sich den Rasenmäher ausleiht.

Anonym

Dort in Sonne und Schatten halte ich Äste
oder schlanke Stämme liebevoll umfasst, ringe
mit ihrer harmlosen Stärke und weiß, dass die
Lebenskraft von ihnen auf mich übergeht.

Walt Whitman

Der Seele Frohsinn hängt nicht ab
von Rosen und von Grün –
dort, wo ein Herz sich aufgetan,
ist Garten voller Blühn!

Aus Persien

Können wir nicht so viele Blumen
mit verständiger und sorglicher Hand
in unser Leben hineinpflanzen, dass
einige immerdar blühen?

Ludwig Tieck

Denn Gärten sind, – von Königen gebaut,
die eine kleine Zeit sich drin vergnügten
mit jungen Frauen, welche Blumen fügten
zu ihres Lachens wunderlichem Laut.
Sie hielten diese müden Parke wach;
sie flüsterten wie Lüfte in den Büschen,
sie leuchteten in Pelzen und in Plüschen,
und ihrer Morgenkleider Seidenrüschen
erklangen auf dem Kiesweg wie ein Bach.

Rainer Maria Rilke

Gärtner haben etwas nicht verloren oder in ihrem Garten beim Umgang mit Pflanzen wiedergefunden, was den meisten Menschen am Ende ihrer Kindheit abhanden kommt: die ungetrübte, ungekünstelte, unbefangene Freude der Kindheit, deren Ausdruck so ansteckend auf andere wirkt und diese für Augenblicke in das Erlebnis mit einbezieht.

Claus Schulz

Naturfreund ist derjenige, der sich mit allem, was in der Natur lebt, innerlich verbunden weiß, an dem Schicksal der Geschöpfe teilnimmt, ihnen, soviel er kann, aus Leid und Not hilft und es nach Möglichkeit vermeidet, Leben zu schädigen oder zu vernichten.

Albert Schweitzer

## Sinnender Spatenstich

Unter der Erde murkst etwas,
unter der Erde auf Erden,
pitschert und drängelt. – Was will das
Ding oder was wird aus dem Ding,
das doch in sich anfing, einmal werden??

Knolle, Puppe, Keim jeder Art
hält die Erde bewahrt,
um sie vorzubereiten
für neue Zeiten.

Die Erde, die so viel Gestorbenes deckt,
gibt dem Abfall, auch Sonderlingen
Asyl und Ruhe und Schlaf. Und erweckt
sie streng pünktlich zu Zwiebeln, zu
Schmetterlingen,
zu Quellen, zu Kohlen —

Unter der Erde murkst ein Ding,
irgendwas oder ein Engerling.
Zappelt es? Tickt es? Erbebt es? –
Aber eines Tages lebt es.
Als turmaufkletternde Ranke,
als Autoöl, als Gedanke —

Fäule, Feuchtigkeit oder feiner Humor
bringen immer wieder Leben hervor.

Joachim Ringelnatz

Der Gärtner tut mit seinen Sträuchern und Stauden, was der Dichter mit den Worten tut: Er stellt sie so zusammen, dass sie zugleich neu und seltsam erscheinen und zugleich auch wie zum ersten Mal ganz sich selbst bedeuten, sich auf sich selbst besinnen.

Hugo von Hofmannsthal

Beschneide du deinen Buchsbaum, wie du willst, und pflanze deine Blumen nach dir verständlichen Schattierungen, aber beurteile nicht den Garten der Natur nach deinem Blumengärtchen.

Georg Christoph Lichtenberg



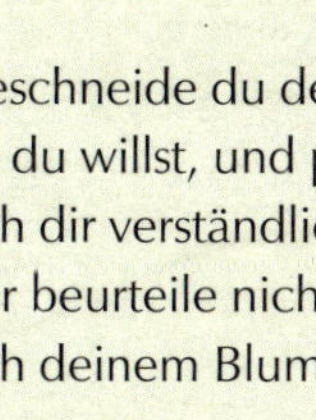

Birne
Aprikose
Kirsche
Apfel
Pflaume
Pfirsich

Betrachtet man Äpfel, Pfirschen,
Birn, Aprikosen, Mandeln, Kirschen,
gleicht ihrer Blumen liebliches Prangen
nicht Gärten, die in Lüften hangen?

Barthold Hinrich Brockes

Kommt, von allerreifsten Früchten
mit Geschmack und Lust zu speisen!
Über Rosen lässt sich dichten,
in die Äpfel muss man beißen.

Johann Wolfgang Goethe

Wenn ich im Obstgarten spaziere,
seh ich ihn schon als Konfitüre.

Stanisław Jerzy Lec

Willst du wissen,
was Glück oder Pech ist,
dann setz dich unter einen Apfelbaum.
Hast du Glück,
fällt dir ein Apfel in den Schoß,
hast du Pech,
so fällt er dir auf den Kopf.

Rolf Hasenclever

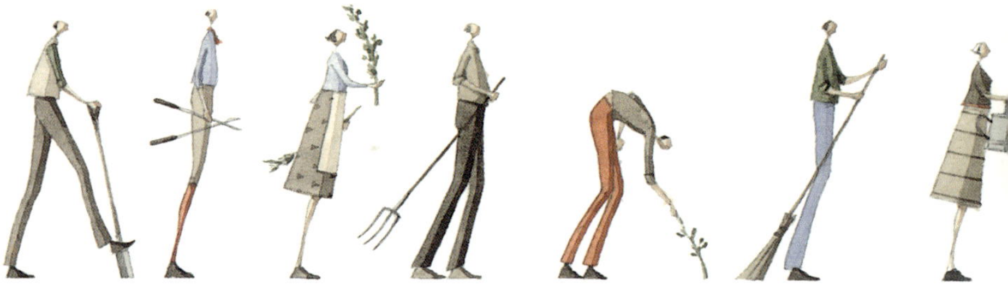

In der lockeren Erde zu hacken – maßvoll, denn alles Schöne sollte maßvoll genossen werden – ist wunderbar. Aus der Erde fließt Kraft, sooft man sie mit der Hacke richtig berührt. … Man züchtet in einem gut gehackten Garten ja nicht nur rote Rüben und Kartoffeln, Mais und grüne Bohnen, sondern das menschliche Leben schlechthin.

Charles Dudley Warner

Was ihr nicht tut mit Lust, gedeiht euch nicht.

William Shakespeare

Es ist so beruhigend und gut, in der Erde zu arbeiten, Bäume zu beschneiden, zu graben, Gras zu mähen.

Sylvia Plath

Gras: das grüne Zeug, das im Rasen verkümmert und im Gemüsebeet gedeiht.

Anonym

Wem Mutter Natur ein Gärtchen gibt und Rosen, dem gibt sie auch Raupen und Blattläuse, damit er's verlernt, sich über Kleinigkeiten zu entrüsten.

Wilhelm Busch

Es wächst mehr im Garten, als man gesät hat.

Deutsches Sprichwort

Unkraut ist die Opposition der Natur gegen die Regierung der Gärtner.

Oskar Kokoschka

Wie kahl und jämmerlich würde manches Stück Erde aussehen, wenn kein Unkraut darauf wüchse.

Wilhelm Raabe

Das lehrt uns jeder Garten:
Arbeit, Freude und auch Warten.

Anonym

# GARDEN GEAR AT HOLKHAM, 1761

## In the Pleasure Grounds and Orangery

20 Barrow Chairs
3 Double Seated Chairs
20 Small Winsor Chairs
6 Compass Back Chairs

## Working Tools and Utensils

11 Scythes
6 Rakes
5 Dutch Hoes
8 English Hoes
8 Forks
3 Jets
6 Watering Pots
2 Tin Pipes for Watering Pines
1 House Engine
1 Brass Hand Engine
2 Wooden Hand Engines [all for water]
3 Leather Pipes
1 Suction Pipe
1 Brass Pipe
1 Rose [for sprinkling]
2 Thermometers
2 Shovels
4 Hammers
1 Hook [Sickle]
1 Hatchet
2 Iron Rollers
5 Boots for Horses to Roller the Garden with
8 Hand Basket for Fruit
1 Pair of Garden Shears
1 Mallet and Pruning Chisel
2 Mattocks
1 Flag Shovel
1 Edging Tool
2 Pair of Iron Reels with Lines
2 Hand Saws
1 Grindstone and Frame
4 Rubstones
1 Cucumber cutter
91 Frames Glazed for Melons Pines and Cucumbers
35 Frames for the Fire Walls
21 Hand Glasses
9 Bell Glasses
Netting in five Parcels
A Number of Old Mats
8 Common Wheel Barrows
2 Water Barrows
3 Water Tubs
3 Stone Rollers
1 Large Fruit Basket
8 Bushell Baskets
3 Water Pails

INVENTORY Holkham MSS

Inventar eines alten englischen Gartens

Erquicklich ist die Mittagsruh,
nur kommt man oftmals nicht dazu.

Wilhelm Busch

Die Ruhe ist eine liebenswürdige Frau und
wohnt in der Nähe der Weisheit.

Epicharmos

Wenn es dir gelingt, die innere Ruhe zu erobern,
so hast du mehr getan als derjenige, der Städte und
ganze Reiche erobert hat.

Michel Eyquem de Montaigne

Dem Freudigen erwächst Heiterkeit.
Dem im Geist Heiteren kommt der Körper zur Ruhe.
Der im Körper Ruhige fühlt Glückseligkeit.
Dem Glückseligen ordnet sich das Denken.

Gautama Buddha

Angenehm sind die erledigten Arbeiten.

Cicero

Erholung ist die Würze der Arbeit.

Plutarch

Muße ist das Kunststück, sich selbst ein angenehmer Gesellschafter zu sein.

Karl Heinrich Waggerl

Lass dich nicht stören, was auch äußerlich geschehe, in des inneren Lebens Fülle und Freude.

Friedrich Schleiermacher

Arbeit und Feier vollenden einander.

Ludwig Strauss

Die Natur ist doch das einzige Buch, das auf allen Blättern großen Gehalt bietet.

Johann Wolfgang Goethe

Die Natur ist ein sehr gutes Beruhigungsmittel.

Anton P. Tschechow

Natur: der beste Arzt, denn sie heilt drei Viertel aller Krankheiten und außerdem spricht sie nie schlecht von ihren Kollegen.

Claudius Galenus

Der kürzeste Weg zur Gesundheit ist der Weg in den Garten.

Anonym

Ich hielt mich so lange auf dem Weg zur Natur, bis sie mir den Weg zum Glück zeigte. Es hat sich erwiesen, dass er ein und derselbe war.

Jean-Jacques Rousseau

Die Folianten vergilben, der Städte gelehrter Glanz erbleicht, aber das Buch der Natur erhält jedes Jahr eine neue Auflage.

Hans Christian Andersen

Es ist ganz gleich, ob ein Garten klein oder groß ist. Was die Möglichkeiten seiner Schönheit betrifft, so ist seine Ausdehnung so gleichgültig, wie es gleichgültig ist, ob ein Bild groß oder klein, ob ein Gedicht zehn oder hundert Zeilen lang ist. Die Möglichkeiten der Schönheit, die sich in einem Raum von fünfzehn Schritten im Geviert, umgeben von vier Mauern, entfalten können, sind einfach unmessbar.

Hugo von Hofmannsthal

Gefühl von Grenze darf nicht heißen: Hier bist du zu Ende, sondern: Hier hast du noch zu wachsen.

Emil Gött

Es gibt keine Grenzen, wenn sich die Natur mit Kreativität verbindet.

Janie Feldmann Gross

Ein schöner Garten ist das Zeugnis, das die Natur ihren Freunden ausstellt.

Anonym

Die Pracht der Gärten aber hat stets die Liebe zur Natur zur Voraussetzung.

Germaine Baronin von Staël

Blumen sehet ruhig sprießen,
reizend euer Haupt umzieren;
Früchte wollen nicht verführen,
kostend mag man sie genießen.

Johann Wolfgang Goethe

Wo Blumen blühen, lächelt die Welt.

Ralph Waldo Emerson

Glücklich ist der Mensch, der es versteht, aus den Blumen in Reichweite einen Strauß zu binden.

Anonym

Unser Leben ist ein Garten, in dem unsere Gedanken die Blumen sind.

Indianische Weisheit

Kunst ist das Blühen der Natur im Menschen.

Eberhard Freiherr von Bodenhausen

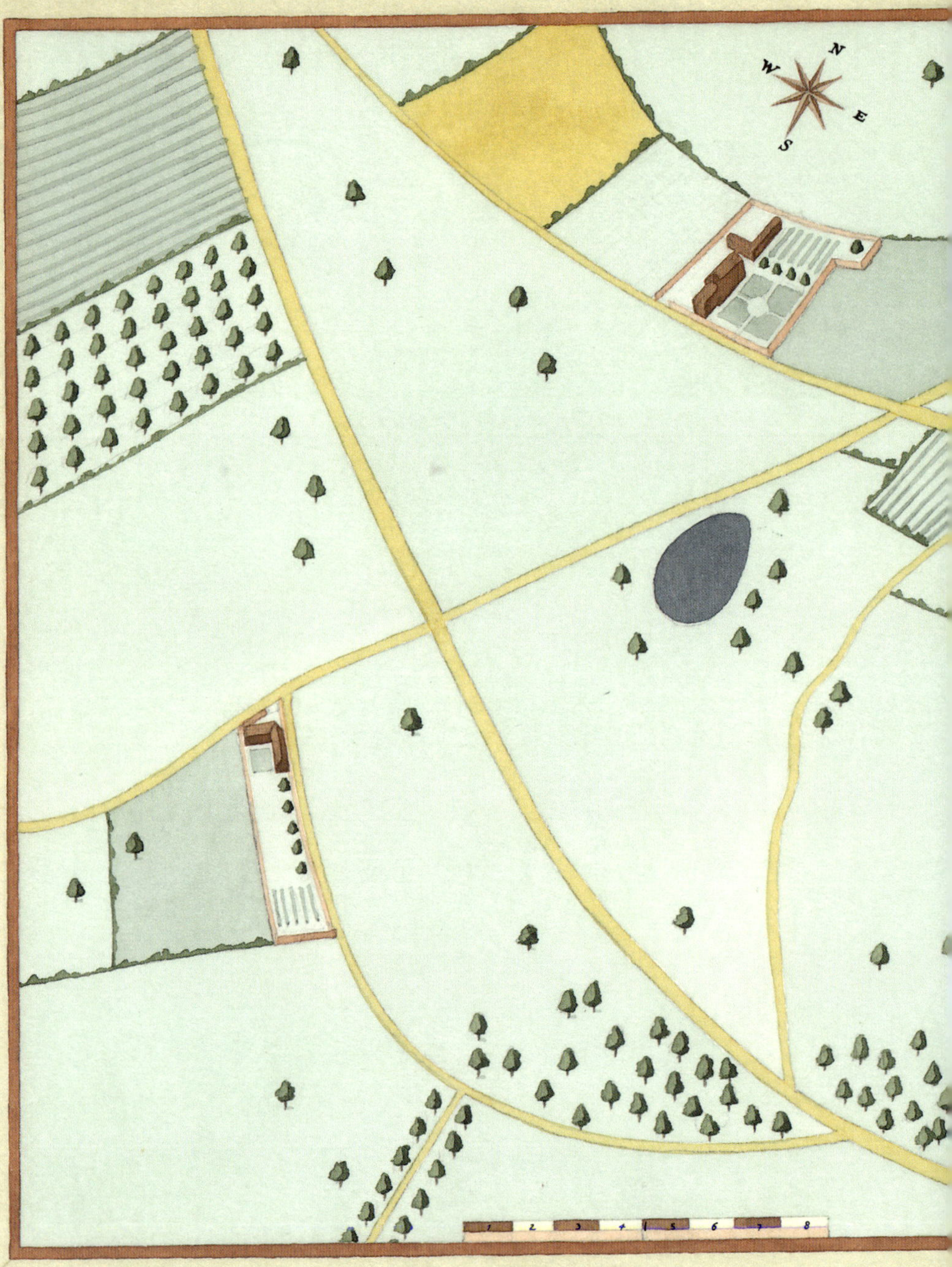
N
W
E
S
1 2 3 4 5 6 7 8

# Jenseits des Gartenzauns

Tritt heraus in das Licht der Dinge,
lass die Natur dein Lehrer sein!

William Wordsworth

Freude am Schauen und Begreifen ist
die schönste Gabe der Natur.

Albert Einstein

Leben alleine ist nicht genug.
Sonne, Freiheit und eine kleine Blume
braucht man.

Hans Christian Andersen

Jede sprossende Pflanze, die mit Duften sich füllt,
trägt im Kelche das ganze Weltgeheimnis verhüllt.

Emanuel Geibel

Wer ein Herz für Schönheit hat, findet Schönheit überall.

Gustav Freytag

Die Welt ist so leer, wenn man nur Berge, Flüsse und Städte darin denkt, aber hie und da jemand zu wissen, der mit uns übereinstimmt, mit dem wir auch stillschweigend fortleben: Das macht uns dieses Erdenrund erst zu einem bewohnten Garten.

Johann Wolfgang Goethe

Man flieht aus den Büros und den Fabriken.
Wohin, ist gleich! Die Erde ist ja rund!
Dort, wo die Gräser wie Bekannte nicken
und wo die Spinnen seidne Strümpfe stricken,
wird man gesund.

Erich Kästner

## Der Stuhl

Alltag

Ein Stuhl,
allein.
Was braucht er?
Einen Tisch!
Auf dem Tisch

liegen Brot, Käse,
Birnen,
steht ein gefülltes Glas.

Tisch und Stuhl,
was brauchen sie?
Ein Zimmer,
in der Ecke ein Bett,
an der Wand einen Schrank,
dem Schrank gegenüber ein Fenster,
im Fenster einen Baum.

Tisch, Stuhl, Zimmer …
Was brauchen sie?
Einen Menschen.

Der Mensch sitzt
auf dem Stuhl
am Tisch,
schaut aus dem Fenster
und ist traurig.
Was braucht er?

Hans Manz

Du brauchst einen Baum du brauchst ein Haus
keines für dich allein nur einen Winkel im Dach
zu sitzen zu denken zu schlafen zu träumen
zu schreiben zu schweigen zu sehen den Freund
die Gestirne das Gras die Blume den Himmel

Friederike Mayröcker

Ein Sommerregen ist erfreulich,
ein Regensommer ganz abscheulich.

Eugen Roth

Das Wetter und meine Laune haben wenig miteinander zu tun; ich trage meine Nebel und meinen Sonnenschein in meinem Innern.

Blaise Pascal

Wenn man mit einer jungen Dame vom Wetter redet, vermutet sie, dass man etwas ganz anderes im Sinn hat. Und meistens hat sie damit Recht.

Oscar Wilde

Der Humor ist der Regenschirm der Weisen.

Erich Kästner

Lebenskünstler ist, wer seinen Sommer so erlebt, dass er ihm noch den Winter wärmt.

Alfred Polgar

Es gibt kein schlechtes Wetter.
Es gibt nur verschiedene Arten von gutem.

John Ruskin

Stelle dich dem Regen entgegen,
lass die eisernen Strahlen dich durchdringen,
gleite in dem Wasser, das dich fortschwemmen will,
aber bleibe doch, erwarte so aufrecht
die plötzlich und endlos einströmende Sonne.

Franz Kafka

Der entschließt sich doch gleich,
den heiß ich brav und kühn!
Er springt in den Teich,
dem Regen zu entfliehn.

Johann Wolfgang Goethe

Hundert kleine Freuden sind tausendmal mehr wert
als eine große; wie ein sanft herabrauschender Regen
tiefer ins Erdreich eindringt als ein Wolkenbruch.

Wilhelm von Keppler

Mag da draußen Schnee sich türmen,
mag es hageln, mag es stürmen,
klirrend mir ans Fenster schlagen,
nimmer will ich mich beklagen,
denn ich trage in der Brust
Liebchens Bild und Frühlingslust.

Heinrich Heine

Wenn der erste Schnee fällt, nimmt man so viel Äpfel, als Kinder und Personen im Hause sind, tut sie in den Ofen, bis sie gebraten sind, und isst sie dann. Dass dabei allerhand vernünftige Diskurse geführt, auch oft in den Ofen hineingeguckt werden muss, versteht sich von selbst.

Matthias Claudius

Ich such im Schnee vergebens
nach ihrer Tritte Spur,
hier, wo wir oft gewandelt
selbander durch die Flur.
Ich will den Boden küssen,
durchdringen Eis und Schnee
mit meinen heißen Tränen,
bis ich die Erde seh.

Wilhelm Müller

Wer will denn alles gleich ergründen!
Sobald der Schnee schmilzt,
wird sich's finden.

Johann Wolfgang Goethe

Liebe erblickt
selbst an den kahlsten Bäumen
schon des kommenden Frühlings
Blütenträume.

Japanisches Sprichwort

Angeln ist die einzige Philosophie,
von der man satt wird.

Peter Bamm

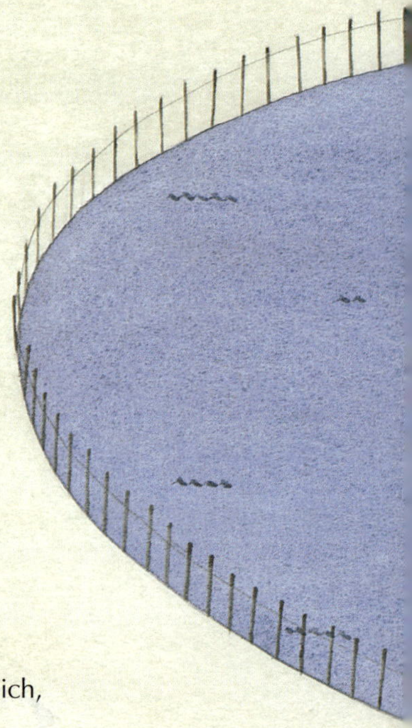

## Rückkehr des Dorfjungen

In meiner Jugend war die Welt ein kleiner Teich,
Großmutterchens, und rotes Dach, Gebrüll
von Ochsen und ein Buch aus Bäumen.
Und ringsumher die große grüne Wiese.

Wie schön war dieses In-die-Weite-Träumen.
Dies Garnichtssein als helle Luft und Wind
und Vogelruf und Feenmärchenbuch.
Fern pfiff die fabelhafte Eisenschlange –

Alfred Lichtenstein

## Herbsttag

Herr: Es ist Zeit. Der Sommer war sehr groß.
Leg deinen Schatten auf die Sonnenuhren
und auf den Fluren lass die Winde los.

Befiehl den letzten Früchten voll zu sein;
gib ihnen noch zwei südlichere Tage,
dränge sie zur Vollendung hin und jage
die letzte Süße in den schweren Wein.

Wer jetzt kein Haus hat, baut sich keines mehr.
Wer jetzt allein ist, wird es lange bleiben,
wird wachen, lesen, lange Briefe schreiben
und wird in den Alleen hin und her
unruhig wandern, wenn die Blätter treiben.

Rainer Maria Rilke

## Ungeduld

Ich schnitt es gern in alle Rinden ein,
ich grüb es gern in jeden Kieselstein,
ich möcht es sä'n auf jedes frische Beet
mit Kressesamen, der es schnell verrät,
auf jeden weißen Zettel möcht ich's schreiben:
Dein ist mein Herz und soll es ewig bleiben!

Wilhelm Müller

Der Wald ist auch schön, und mich dünkt manches Mal, als sei er noch schöner als die schönen Gärten und Felder, welche die Menschen machen, weil er auch ein Garten ist, aber ein Garten eines reichen und großen Herrn, der ihn durch tausend Diener bestellen lässt; in ihm ist gar kein Unkraut, weil der Herr jedes Kräutlein liebet und schätzt, er braucht auch ein jedes für seine vielen tausend Gäste, deren manche lecker sind und ganz Besonderes verlangen.

Adalbert Stifter

Nirgends habe ich mehr Ruhe gefunden
als in Wäldern und Büchern.

Thomas von Kempen

Unter großen Bäumen ist gut ruhen.

Chinesisches Sprichwort

Frei wie ein Baum und brüderlich wie
ein Wald, das ist unsere Sehnsucht.

Nazim Hikmet

Wenn du ausgekostet hast, was auszukosten war, in Geschäft, Politik, Geselligkeit, Liebe und so fort – und fandest, dass keines von diesen restlos befriedigt oder auf Dauer taugt, was bleibt dann? Die Natur und ihre Kraft, aus dumpfer Verborgenheit hervorzulocken, was in Mann oder Weib an Verwandtem steckt mit freier Luft, mit Baum und Feld, mit dem Wechsel der Jahreszeiten – dem Sonnenschein bei Tage – dem Sternenhimmel bei Nacht.

Walt Whitman

Wie sich's wohl im Grase liegt
bei Kraut und Blumendüften,
wenn über uns ein Vogel fliegt
in goldnen Himmelslüften.

Justinus Kerner

Liebe ist das große Amulett, das diese Welt
in einen Garten verwandelt.

Robert Louis Stevenson

Mit einem so lieblichen Wesen allein,
auf grüner Matte, zwischen Gras und Blumen,
von Felsen beschränkt, von Wasser umrauscht,
welches Herz wäre da wohl fühllos geblieben!

Johann Wolfgang Goethe

Nichts Schöneres unter der Sonne,
als unter der Sonne zu sein.

Ingeborg Bachmann

Lasst uns dankbar sein gegenüber Menschen, die
uns glücklich machen. Sie sind liebenswerte Gärtner,
die unsere Seele zum Blühen bringen.

Marcel Proust

Reizend ist es, still und gemächlich übers Land zu gehen und von ernsten, starken Bäuerinnen freundlich gegrüßt zu werden. Ein solcher Gruß tut wohl wie der Gedanke an die Unvergänglichkeit. Es öffnet sich ein Himmel, wenn Menschen freundlich miteinander sind.

Robert Walser

Die Hochzeit der Seele mit der Natur macht den Verstand fruchtbar und erzeugt Phantasie.

Henry David Thoreau

Der Mensch ist inmitten der Natur immer das Kind an sich. Das Kind träumt wohl einmal einen schweren beängstigenden Traum, wenn es aber die Augen aufschlägt, so sieht es sich immer wieder im Paradies.

Friedrich Nietzsche

Man kann einen seligen, seligsten Tag haben
ohne etwas anderes dann zu gebrauchen
als blauen Himmel und grüne Erde.

Jean Paul

Januar
Februar
März
April
Mai
Juni
Juli
August
September
Oktober
November
Dezember

Lebe jede Jahreszeit, wie sie kommt.
Atme die Luft, trinke, schmecke die Früchte
und überlasse dich ihrem Einfluss.

Henry David Thoreau

Jeder Jahresring
ist ein deutliches Sinnbild
für gelebte Kraft
ist wie eine Falte
in einem Gesicht.

Margot Bickel

Die Natur ist die große Ruhe gegenüber unserer Beweglichkeit. Darum wird sie der Mensch immer mehr lieben, je feiner und beweglicher er werden wird. Sie gibt ihm die großen Züge, die weiten Perspektiven und zugleich das Bild einer bei aller unermüdlichen Entwicklung erhabenen Gelassenheit.

Christian Morgenstern

Und ob alles in ewigem Wechsel kreist,
es beharret im Wechsel ein ruhiger Geist.

Friedrich Schiller

Das Buch der Bücher
beginnt
mit einem Mann
und einer Frau
in einem Garten –
und schließt
mit Offenbarungen.

Oscar Wilde

Wir danken den Verlagen für die freundliche Genehmigung zum Abdruck folgender Texte:

Margot Bickel, *Jeder Jahresring*
aus: Pflücke den Tag (39. Auflage)
© 2001 Herder Verlag, Freiburg

Erich Kästner, *Man flieht aus den Büros und den Fabriken*
aus: Die Wälder schweigen (letzte Strophe)
in: Doktor Erich Kästners Lyrische Hausapotheke
© Atrium Verlag, Zürich, und Thomas Kästner

Hans Manz, *Der Stuhl*
aus: Hans-Joachim Gelberg (Hrsg.), Großer Ozean
© 2000 Beltz Verlag, Weinheim und Basel
Programm Beltz & Gelberg, Weinheim

Friederike Mayröcker, *Du brauchst einen Baum*
aus: Notizen auf einem Kamel
© 1996 Suhrkamp Verlag, Frankfurt am Main

Jacques Prévert, *Huldigung ans Bett*
aus: Der Skandal des Glücks
© 1983 Wilhelm Heyne Verlag, München

Joachim Ringelnatz, *Morgenwonne;*
*Kinder weinen; Sinnender Spatenstich*
aus: Sämtliche Gedichte
© 1997 Diogenes Verlag AG, Zürich

Kurt Tucholsky, *Das Ideal* (gekürzt)
© 1960 Rowohlt Verlag, Reinbek bei Hamburg

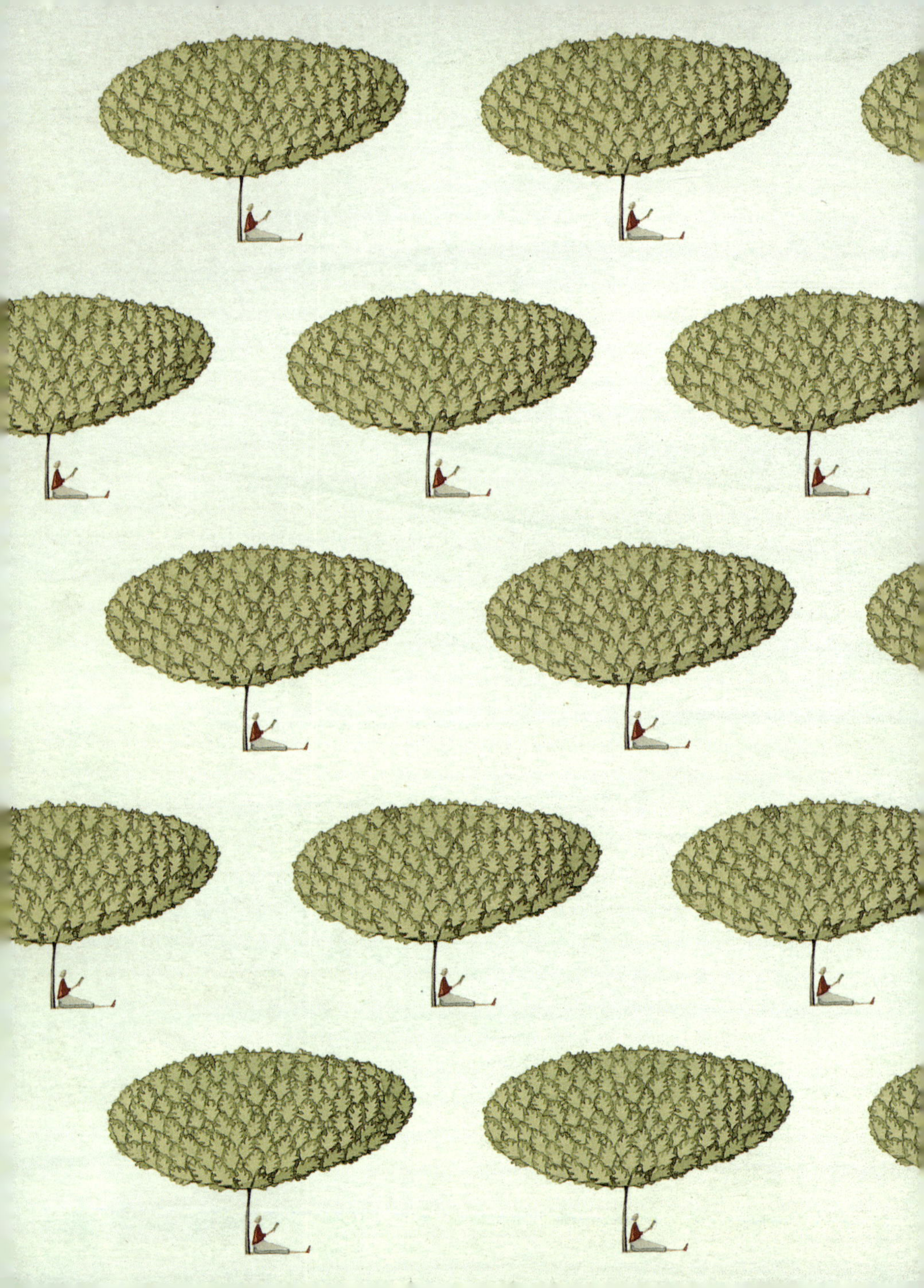